Caligrafia

Déborah Pádua Mello Neves

Foi professora primária e, a partir de 1970, passou a publicar pelo IBEP/Companhia Editora Nacional obras didáticas dentre as quais estão: *A Mágica da Comunicação, A Mágica da Matemática, A Mágica dos Estudos Sociais e Ciências* e *A Mágica do Aprender; Viajando com as Palavras, Viajando com os Números, Viajando com os Estudos Sociais e Ciências, Viajando com o Saber*, obra adotada pela FAE; Coleção Tobogan; *Ciranda do Saber de Português, Matemática, Estudos Sociais e Ciências; O Livro do Saber: Português, Matemática, Estudos Sociais e Ciencias*, entre outros títulos.

Volume 4
Ensino Fundamental

3ª edição
São Paulo
2015

Coleção Eu gosto m@is
Caligrafia 4º ano
© IBEP, 2015.

Diretor superintendente	Jorge Yunes
Diretora editorial	Célia de Assis
Gerente editorial	Maria Rocha Rodrigues
Coordenadora editorial	Simone Silva
Assessoria pedagógica	Valdeci Loch
Analista de conteúdo	Cristiane Guiné
Assistentes editoriais	Fernanda Santos
	Bárbara Vieira
Coordenadora de revisão	Helô Beraldo
Revisão	Beatriz Hrycylo, Cássio Dias Pelin, Fausto Alves Barreira Filho, Luiz Gustavo Bazana, Rosani Andreani, Salvine Maciel
Secretaria editorial e Produção gráfica	Fredson Sampaio
Assistentes de secretaria editorial	Carla Marques, Karyna Sacristan, Mayara Silva
Assistentes de produção gráfica	Ary Lopes, Eliane Monteiro, Elaine Nunes
Coordenadora de arte	Karina Monteiro
Assistentes de arte	Aline Benitez, Gustavo Prado Ramos, Marilia Vilela, Thaynara Macário
Coordenadora de iconografia	Neuza Faccin
Assistentes de iconografia	Bruna Ishihara, Camila Marques, Victoria Lopes, Wilson de Castilho
Ilustração	José Luís Juhas, Imaginário Stúdio, Eunice/Conexão João Anselmo e Izomar
Processos editoriais e tecnologia	Elza Mizue Hata Fujihara
Projeto gráfico e capa	Departamento de Arte - IBEP
Ilustração da capa	Manifesto Game Studio
Diagramação	N-Publicações

CIP-BRASIL. CATALOGAÇÃO-NA-FONTE
SINDICATO NACIONAL DOS EDITORES DE LIVROS, RJ

N425c
3. ed.

Neves, Déborah Pádua Mello
 Caligrafia, volume 4 / Déborah Pádua Mello Neves. - 3. ed. - São Paulo : IBEP, 2015.
 il. ; 28 cm.   (Eu gosto mais)

 ISBN 9788534244572 (aluno) / 9788534244589 (mestre)

 1. Caligrafia - Técnica. 2. Escrita. 3. Caligrafia - História. I. Título. II. Série.

15-23289   CDD: 745.61
                CDU: 003.076

29/05/2015   05/06/2015

Impressão e Acabamento
Oceano Indústria Gráfica e Editora Ltda
Rua Osasco, 644 - Rod. Anhanguera, Km 33
CEP 07753-040 - Cajamar - SP
CNPJ: 67.795.906/0001-10

3ª edição – São Paulo – 2015
Todos os direitos reservados

Av. Alexandre Mackenzie, 619 - Jaguaré
São Paulo – SP – 05322-000 – Brasil – Tel.: (11) 2799-7799
www.editoraibep.com.br   editoras@ibep-nacional.com.br

APRESENTAÇÃO

Querido aluno, querida aluna,

Aprender a ler e escrever é uma delícia!

Vamos aprendendo, aprendendo e, de repente, sabemos ler!

Começamos a ler tudo em todos os lugares: nos cartazes de propaganda, nas placas dos carros, nos folhetos, nos rótulos, nas revistas...

Mas é preciso treinar muito para também saber escrever tudo aquilo que já aprendemos.

Esta obra foi feita especialmente para ajudá-los nessa fase de aprendizado.

Aproveitem as atividades de seu livro, enfrentem os desafios que ele traz, aprendam e divirtam-se!

Um grande abraço,

Déborah Pádua Mello Neves

SUMÁRIO

LIÇÃO		PÁGINA
1	Vamos conhecer o alfabeto da língua portuguesa	6
2	Encontro vocálico	11
3	Encontro consonantal	14
4	Dígrafo	17
5	Palavras com m antes de b e p	21
6	Palavras com an, en, in, on, un	23
7	Palavras com ans, ens, ins, ons, uns	25
8	Palavras com h	27
9	Palavras com c e palavras com ç	29
10	Palavras com cl	31
11	Palavras com s (som de z)	34
12	Palavras com x (som de ch) e palavras com ch	37
13	Palavras com x (som de s) e palavras com s	40
14	Palavras com x (som de z) e palavras com z	42
15	Palavras com c e palavras com sc	44
16	Palavras com x (som de cs)	46
17	Palavras com x (som de ss)	47
18	Palavras com l e palavras com lh	49
19	Palavras com lh, nh e ch	52
20	Palavras com l pós-vocálico e com l no final	54
21	Palavras com gue e palavras com gui	57

22	Palavras com que e palavras com qui	59
23	Palavras com r, rr e r intercalado	63
24	Palavras com l e palavras com u	65
25	Palavras com g e palavras com j	67
26	Palavras com z pós-vocálico	69
27	Palavras com qua e palavras com gua	71
28	Palavras com u e não o	73
29	Palavras escritas com som i	75
30	Palavras com final ão	77
31	Contando de 100 em 100	79
32	Números ordinais	80

Vamos conhecer o alfabeto da língua portuguesa

LIÇÃO 1

O alfabeto da língua portuguesa tem 26 letras. As letras podem ser maiúsculas ou minúsculas.

O alfabeto é formado por vogais e consoantes.

Observe as letras maiúsculas e as minúsculas do alfabeto.

Maiúsculas

A	B	C	D	E	F	G	H
A	*B*	*C*	*D*	*E*	*F*	*G*	*H*

I	J	K	L	M	N	O	P	Q
I	*J*	*K*	*L*	*M*	*N*	*O*	*P*	*Q*

R	S	T	U	V	W	X	Y	Z
R	*S*	*T*	*U*	*V*	*W*	*X*	*Y*	*Z*

CALIGRAFIA

Minúsculas

a	b	c	d	e	f	g	h
a	*b*	*c*	*d*	*e*	*f*	*g*	*h*

i	j	k	l	m	n	o	p	q
i	*j*	*k*	*l*	*m*	*n*	*o*	*p*	*q*

r	s	t	u	v	w	x	y	z
r	*s*	*t*	*u*	*v*	*w*	*x*	*y*	*z*

ATIVIDADES

1 Leia e copie o alfabeto maiúsculo.

J K L M N O P Q R

J K L M N O P Q R

S T U V W X Y Z

2 Leia e copie as vogais.

Aa Ee Ii Oo Uu

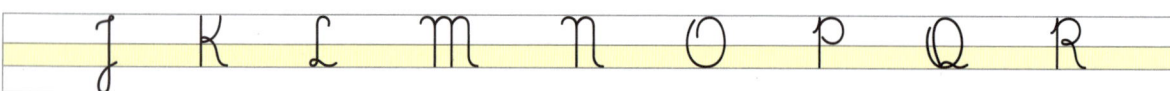

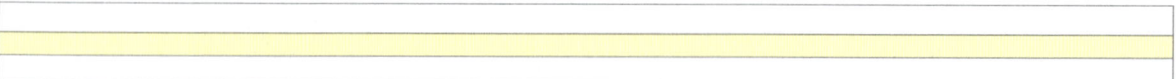

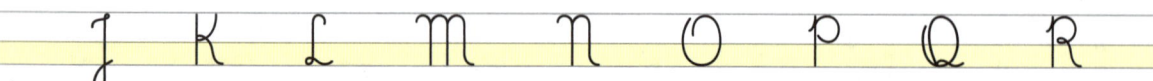

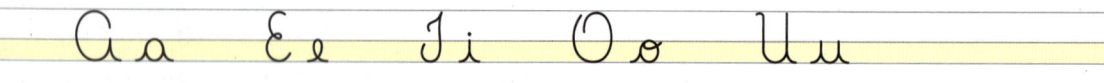

3 Leia e copie as consoantes.

Bb Cc Dd Ff Gg Hh Jj

Kk Ll Mm Nn Pp Qq Rr

Ss Tt Vv Ww Xx Yy Zz

4 Leia e copie o alfabeto minúsculo.

a b c d e f g h i j k l m

n o p q r s t u v w x y z

5 Vamos brincar de labirinto?

a) Junte-se a um colega. Tirem par ou ímpar ou façam um sorteio para ver quem fica com o labirinto Maiúsculo e quem fica com o labirinto Minúsculo abaixo. Em seguida, pintem com a cor desejada o caminho que levará cada cachorro até o osso. Vence quem chegar primeiro, passando por todas as letras.

b) Terminado o joguinho, copie as letras na ordem em que cada cachorro passou por elas. Assim, você terá **o alfabeto da língua portuguesa**, com suas letras maiúsculas e minúsculas.

LIÇÃO 2

Encontro vocálico

Observe.

boi	cadeira	viola

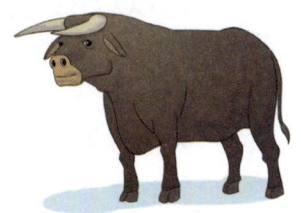

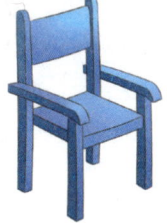

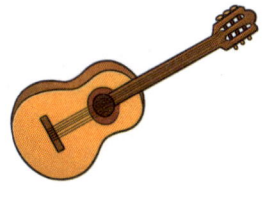

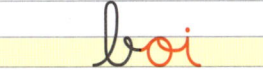

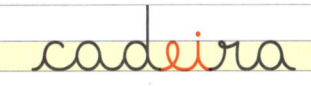

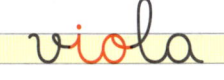

Nas palavras b**oi**, cad**ei**ra e v**io**la há vogais juntas. Elas formam um **encontro vocálico**.

ATIVIDADES

1 Escreva abaixo dos bonequinhos os encontros vocálicos das palavras que estão escritas nas camisetas.

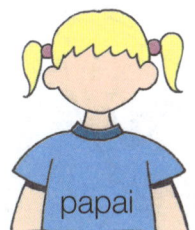

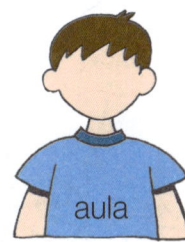

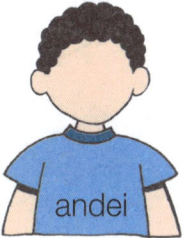

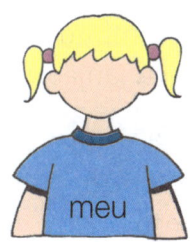

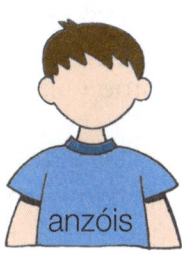

papai
aula
andei
meu
anzóis

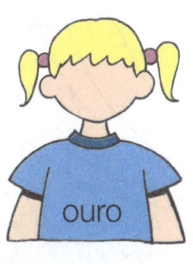

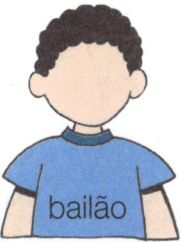

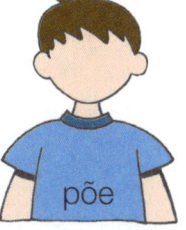

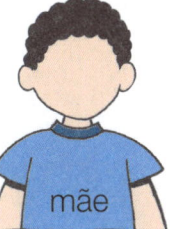

ouro
bailão
põe
mãe

2 Complete as palavras com os encontros vocálicos dados a seguir.

| ua | ei | ai | ou | ão | ãe |
| ia | oe | au | iu | oi | io |

p___e   c___xa   p___co   mam___

furac___   cac___   bal___   l___te

mant___ga   c___lho   p___no   ág___

dorm___   pav___   c___tado   nav___

3 Leia o texto.

Meu coelhinho Janjão

Meu coelhinho é tão branquinho
que parece de algodão;
tem orelhas bem compridas,
como é lindo o meu Janjão.

Muitas vezes vem chegando
pra comer na minha mão.
Mas, arisco, foge logo
Dando pulos pelo chão.

Domínio público.

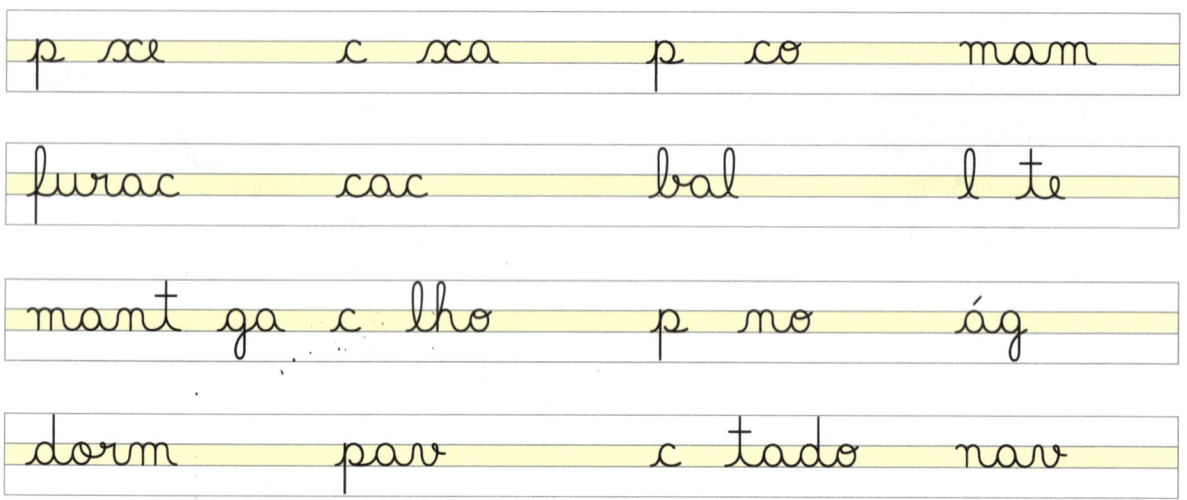

- Agora, complete as frases.

Meu coelhinho é _____ e parece ser

de _____. Suas orelhas são _____.

Muitas vezes, ele vem chegando para

_____ na minha _____, mas, como é

arisco, ele _____.

4 Copie a frase, substituindo os desenhos por nomes.

A _____ é do _____

A _____ é do _____.

5 Ajude o coelhinho a encontrar a cenoura.

LIÇÃO 3

Encontro consonantal

Nas palavras abaixo, as consoantes aparecem na mesma sílaba. Elas formam um encontro consonantal.
Leia e observe.

	bl	blusa		gl	globo
	br	brigadeiro		gr	gravata
	cl	bicicleta		tl	atleta
	cr	cravo		tr	trem
	dr	dragão		pr	prato
	fl	flor		pl	planta
	fr	frutas		vr	livro

Atenção! As consoantes **m** e **n** antes de qualquer outra consoante não formam encontro consonantal. Exemplos: tempo – mundo.

ATIVIDADES

1 Sublinhe os encontros consonantais das palavras.

braçada   clave   estrada   livraria

estrela   planeta   comprar   grama

frota   fruta   flanela   frito

2 Escreva o nome destas figuras.

3 Separe as sílabas das palavras.

Brasil

glicerina

cravo

bicicleta

estrela

astro

4 Escreva as palavras do quadro na coluna adequada.

| falou | preto | alergia | tronco | planta |
| viola | magreza | touro | pedra | coração |

ENCONTRO VOCÁLICO	ENCONTRO CONSONANTAL

Dígrafo

Observe.

 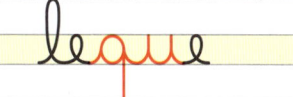 

Nas palavras coe**lh**o, le**qu**e e ca**rr**o há dígrafo.

Dígrafo é a união de duas letras que representam um único som.

São dígrafos: **ss**, **rr**, **ch**, **lh**, **nh**, **gu**, **qu**, **sc**, **sç** e **xc**.

ATIVIDADES

1 Observe os dígrafos e copie as palavras.

 ss — osso

 rr — cachorro

 ch — chave

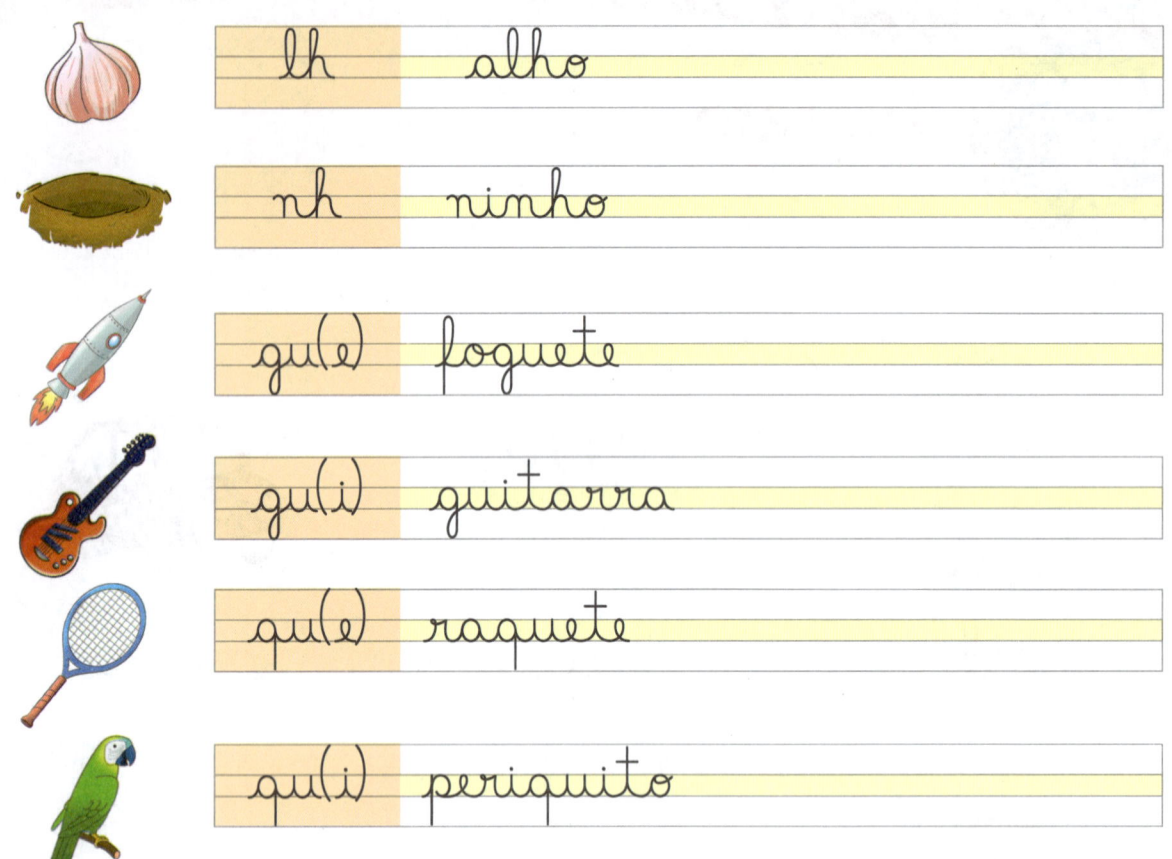

- Agora, copie estas palavras.

piscina   descem   desçam   exceção

2 Sublinhe os dígrafos das palavras.

peixinho	velho	queijo	chinelo	chama
preguiça	assoprar	coelho	olhos	quiabo
chalé	carroça	assado	ferro	quilo
alguém	periquito	guizo	quinze	chácara

3 Separe as sílabas das palavras.

a) passado

d) carroça

b) cachorro

e) abelha

c) bilhete

f) caixinha

4 Escreva o nome das figuras.

DÍGRAFOS	ENCONTROS CONSONANTAIS

5 Agora, resolva estas adivinhações.

- Gosto de viver na água, mas não sou pescado.

  Quem sou eu?

- Vivo quieta nas paredes fazendo minha teia.

  Quem sou eu?

- Sou verde, de bico amarelo e imito alguns sons humanos.

  Quem sou eu?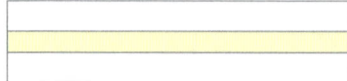

LIÇÃO 5 — Palavras com m antes de b e p

Observe.

bombo   lâmpada   empada

Usa-se m antes de p e b.

ATIVIDADES

1 Complete as frases com o nome das figuras e copie-as.

A _____ está no telhado.

_____

O _____ é feito de chocolate.

_____

2 Leia estas palavras e escreva-as duas vezes cada uma nas linhas abaixo.

umbigo	ombro	ambulância	pombo	campo
campeão	rampa	tromba	empada	tombo	tampa
também	samba	lâmpada	compra	bombeiro
bombom	bambo	embora	limpeza	bambu

LIÇÃO 6

Palavras com an, en, in, on, un

Observe.

anjo

pente

 **ATIVIDADES**

1 Copie as frases, substituindo os desenhos por palavras.

Essa  é amiga do  .

O  gosta de   .

2 Ordene as palavras e forme frases.

a) seringa A está de cheia remédio

b) Anselmo pandeiro toca sanfona e

3 Sublinhe as palavras que têm:

a) encontro consonantal

tigrinho favor listrado começa primo

geografia pode floresta fala madrinha

b) encontro vocálico

leitura verdura cair usar sua

pandeiro boa ir de dia

c) dígrafo

horror escola assim oferece favor

chuva excelente floresta tamanho posso

LIÇÃO 7

Palavras com ans, ens, ins, ons, uns

Observe.

monstro

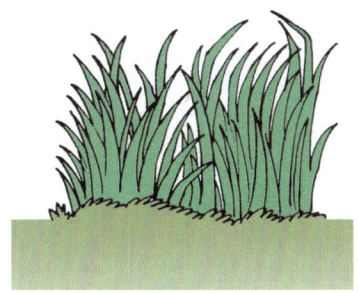

capins

ATIVIDADES

1 Siga o modelo.

transporte   transportes

constelação

trem   amendoim

jardim   garagem

homem   instante

pudim   nuvem

2 Separe as sílabas das palavras.

jovens

transmitir

instituto

instrução

pinguins

instinto

transpirar

transformar

3 Ligue as partes e forme palavras. Depois, escreva-as.

ins — trumento

ins — petor

ins — pirar

LIÇÃO 8

Palavras com h

Observe.

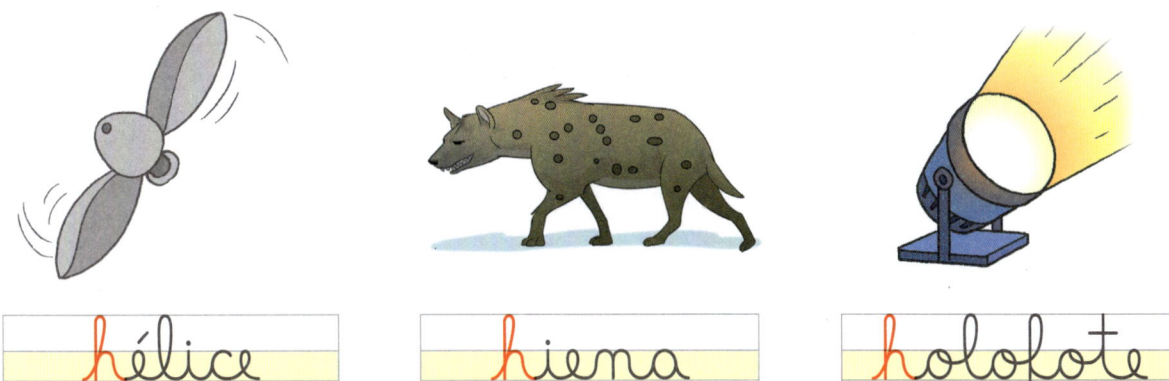

hélice   hiena   holofote

As palavras hélice, hiena e holofote são escritas com **h**.

1 Separe as sílabas das palavras.

hospital

hoje

higiene

havia

hotel

hino

2 Ligue as partes e escreva as palavras.

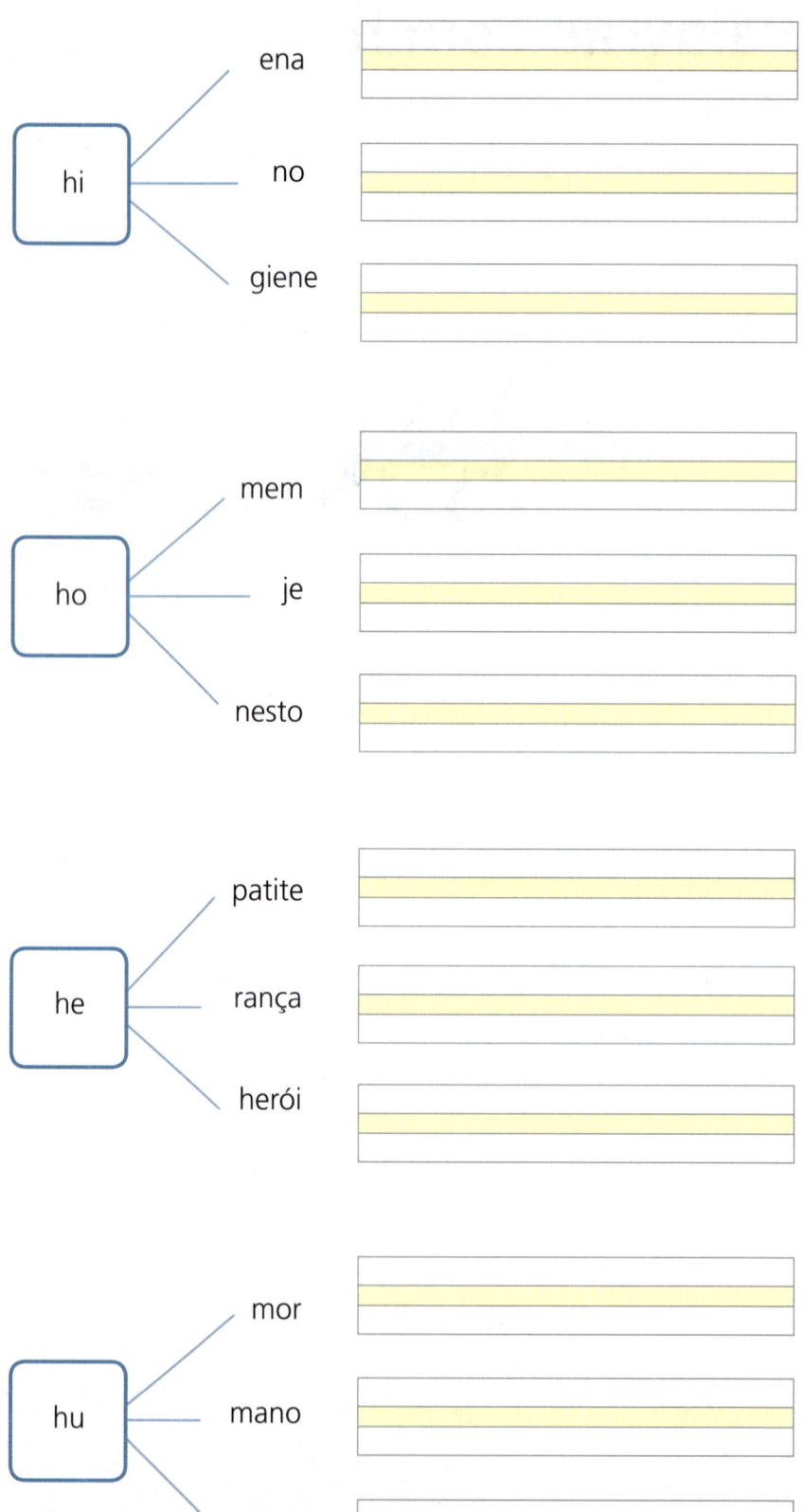

LIÇÃO 9
Palavras com c e palavras com ç

Observe.

centopeia   palhaço

 **ATIVIDADES**

1 Coloque **c** ou **ç** nas palavras e, depois, copie-as.

a_úcar	_enoura
sa_i	pesco_o
capa_ete	a_ude
_igarra	gar_om
len_o	_ebola

2 Separe as sílabas das palavras.

fumaça

graça

terraço

cintura

cetim

recibo

3 Ligue as figuras aos nomes.

cenoura

balanço

cebola

carroça

CALIGRAFIA

Palavras com cl

Observe.

bicicleta

motocicleta

ATIVIDADES

1 Complete as frases com as palavras que estão entre parênteses.

a) (cloro – clube – Cláudio)

_____ foi ao _____, mas não pôde nadar porque a piscina estava com muito _____.

b) (clavícula – Clélia – bicicleta – clínica)

_____ caiu da _____ e quebrou a _____. Sua irmã levou-a para a _____.

c) (Clara – clarim – clarineta)

_____ gosta de tocar _____ e _____.

2 Separe as sílabas das palavras.

ciclista

chiclete

bicicleta

clima

classe

aclamar

3 Amplie a frase.

Clóvis ganhou uma bicicleta.

De quem?

Para quê?

4 Leia as palavras do quadro e copie-as abaixo.

clarão	clarineta	classe	clero	clínica
cloro	clube	ciclista	bicicleta	chiclete
clara	ciclo	ciclone	aclamar	exclamar
Cláudio	clarim	clavícula	Clélia	Clóvis

LIÇÃO 11 — Palavras com s (som de z)

Observe.

rosa

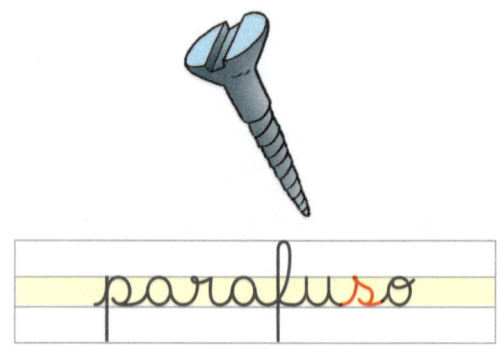

parafuso

O **s** entre vogais tem som de **z**.

ATIVIDADES

1 Copie as frases, substituindo os desenhos por seus nomes.

a) O ____ está sobre a ____ .

_____

b) Cortei a  com a 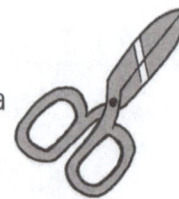 .

_____

2) Amplie as frases.

Comprei um vaso.

De quê?

Para quem?

Observe.

 Rosa
(nome de pessoa)

 rosa
(nome de flor)

3) Forme frases exclamativas com as palavras **Rosa** e **rosa**.

4 Complete com **c** ou **s**.

te_ido   duque_a   lapi_eira   re_ibo

do_e   parali_ar   re_eita   estreme_er

a_ender   re_idir   apare_eu   aque_er

5 Complete com **s** ou **z** e, depois, copie as palavras.

a_edo   ga_olina   apo_ento   bondo_o

pe_ado   preci_ar   fero_   civili_ar

rapa_   cru_ar   ace_o   capa_

trê_   mê_   atrá_   ro_a

6 Forme uma frase interrogativa com as palavras **flores** e **chocolate**.

LIÇÃO 12

Palavras com x (som de ch) e palavras com ch

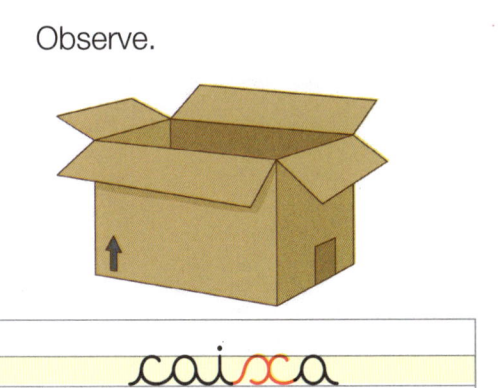

Observe.

caixa

chimpanzé

ATIVIDADES

1 Forme palavras e escreva-as nas pautas.

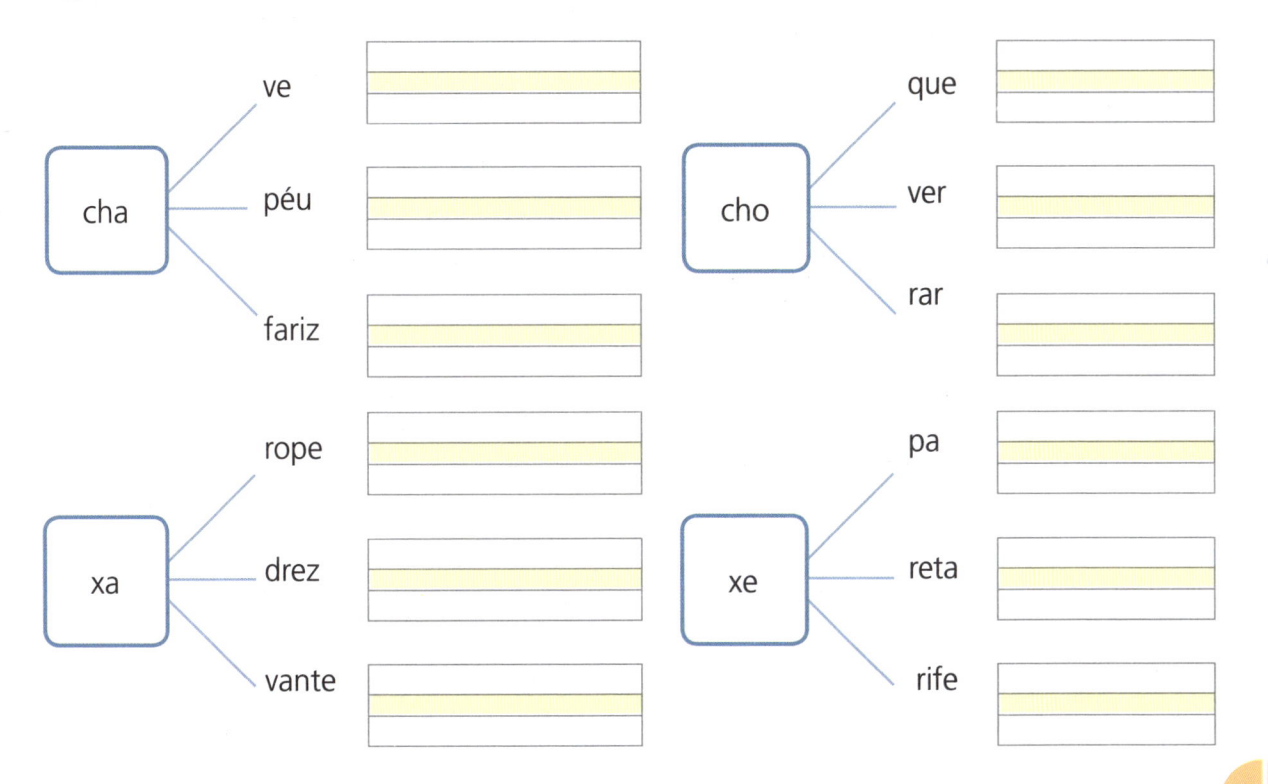

cha
- ve
- péu
- fariz

cho
- que
- ver
- rar

xa
- rope
- drez
- vante

xe
- pa
- reta
- rife

2 Amplie a frase.

Charles comprou um chapéu.

Onde?

Quando?

3 Complete as palavras com **x** ou **ch**.

en ame   arrete   en ergar   mur a

icote   inelo   oque   eiro

cai ão   lu o   me er   arope

4 Separe as sílabas das palavras.

xarope

enxame

chocolate

chicote

5 Junte as sílabas e forme palavras.

ro-vei-cha   xe-pei

dri-pa-nho   la-tre-es

nho-de-se   ti-ba-do-za

6 Siga o modelo.

balão balões   avião

camarão   violão

pavão   salão

7 Copie as frases.

Com peixe faço peixada.

Com limão faço limonada.

Com banana faço bananada.

LIÇÃO 13 — Palavras com x (som de s) e palavras com s

Observe as frases.

O extintor está descarregado.

Comprei uma escada na sexta-feira.

Nas palavras das frases acima, o **x** tem som de **s**.

ATIVIDADES

1 Junte as partes e forme palavras.

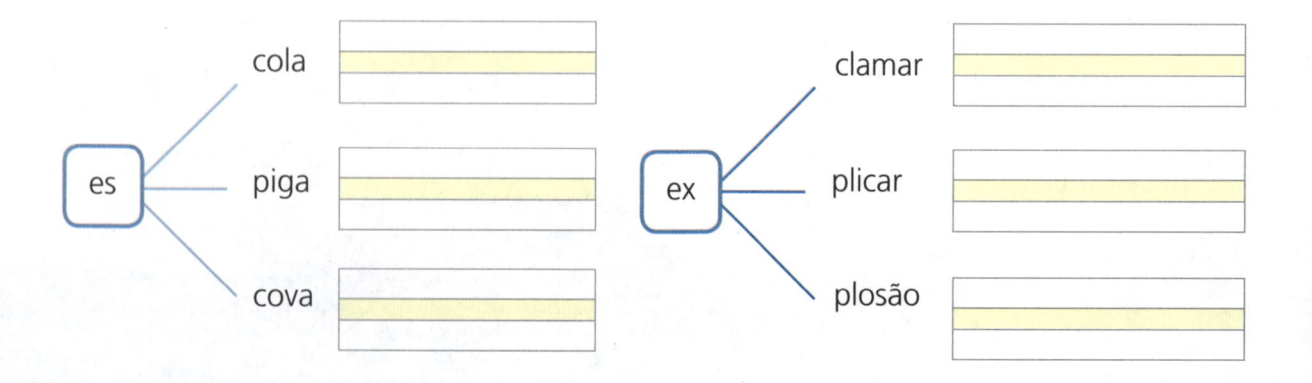

es —
- cola
- piga
- cova

ex —
- clamar
- plicar
- plosão

2 Separe as sílabas das palavras a seguir.

exposição

expressão

externato

expulsar

excelente

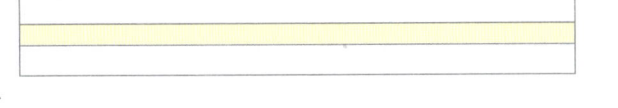

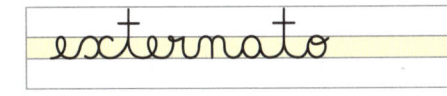

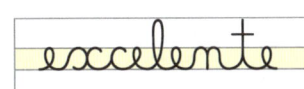

explicar

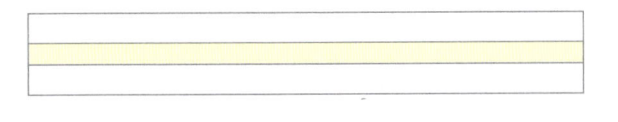

3 Ordene as palavras formando frases.

a) explosão A forte muito foi.

b) excelente jantar estava O.

c) escola um experimento na Fizemos.

LIÇÃO 14
Palavras com x (som de z) e palavras com z

Observe as frases.

Ziraldo faz exercícios físicos.

Zilton está com medo do zebu.

ATIVIDADES

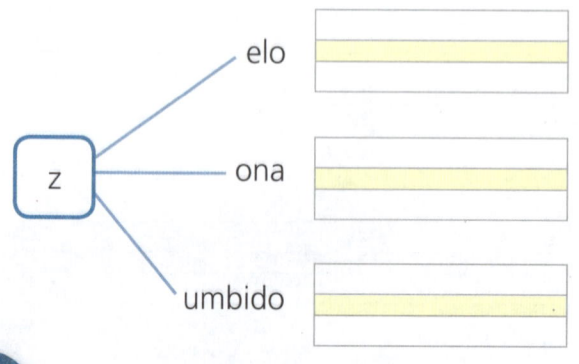

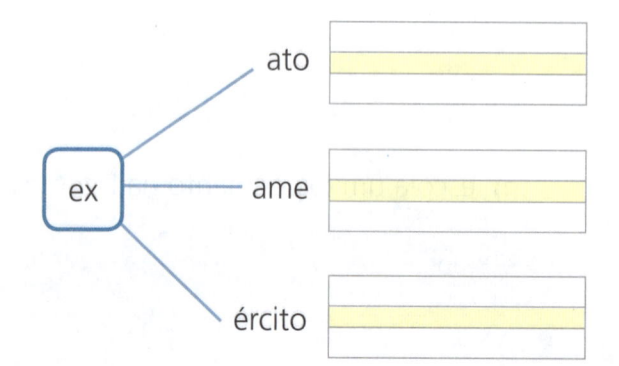

1 Forme palavras e, depois, escreva-as.

z
- elo
- ona
- umbido

ex
- ato
- ame
- ército

2 Separe as sílabas das palavras a seguir.

exemplo

exame

exato

exército

3 Forme frases interrogativas com:

a) zebu

b) exército

c) Zélia

4 Forme frases exclamativas com:

a) exercício

b) zebra

c) zoológico

LIÇÃO 15
Palavras com c e palavras com sc

piscina

ATIVIDADES

1 Forme palavras e, depois, escreva duas vezes as palavras encontradas.

nas — cer
nas — cimento
nas — ceu

des — ceu
des — cida
des — cer
des — cia

2 Complete com **c** ou **sc**.

de__eu   cre__ia   pre__e   Ali__e

alfa__e   __á__ido   na__e   do__e

di__iplina   pi__ina   fá__il   na__eu

3 Complete com **c** ou **s**.

te__ido   duque__a   lapi__eira   re__ibo

to__ar   parali__ar   re__eita   estreme__er

a__ender   re__idir   apare__eu   aque__er

4 Complete as frases com as palavras do quadro.

buzina   exame   azeitonas   exercícios

Ricardo faz _____ físicos.

A _____ está com defeito.

O menino foi fazer _____ médico.

Mamãe pôs _____ no pastel.

LIÇÃO 16

Palavras com x (som de cs)

Observe.

reflexo

ATIVIDADES

1 Leia as frases e copie-as.

Fui ao cinema de táxi.

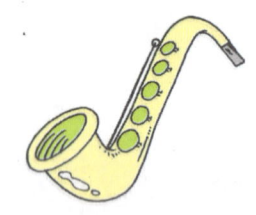

Meu pai toca saxofone.

Minha irmã quebrou o pirex.

2 Separe as sílabas das palavras.

saxofone

taxímetro

LIÇÃO 17

Palavras com x (som de ss)

ATIVIDADES

1 Separe as sílabas das palavras.

proximidade

aproximar

auxiliar

próximo

máximo

trouxer

auxiliava

aproximação

2 Leia as palavras e observe os sons do **x**. Depois, escreva-as nas colunas correspondentes.

excelente	tóxico	exato	auxílio	anexo	máximo
extra	próximo	fixa	exibir	exagerar	sexta
trouxe	exemplo	táxi	extremo		

Som de s	Som de cs	Som de z	Som de ss

3 Complete as frases a seguir com as palavras do quadro.

| táxi | xícara | exame | trouxe | excursão | excelente |

Tomo café na _____

Hoje eu não _____ lanche.

Vou fazer uma _____ na escola.

Ontem fiz _____

Não gosto de andar de _____

Este livro é _____

LIÇÃO 18

Palavras com l e palavras com lh

Observe.

leque   sandália   folha

ATIVIDADES

1 Substitua o **l** das palavras por **lh**. Observe o modelo.

bola	bolha	pala
mala		galo
fala		rala
cala		tela

2 Forme frases com as palavras **rolha** e **telha**.

_____
_____

3 Ordene as frases.

a) abelha A o néctar flores das suga.

b) vive A galinha no galinheiro.

c) bala no Guardei a bule.

Vamos recordar

4 Dê a classificação de cada frase (afirmativa, negativa, interrogativa e exclamativa).

a) Que galinha medrosa!

b) Quem está ganhando o jogo?

c) Alice não gosta de fofocar.

d) Este gato é muito ligeiro.

e) Aquele livro não tem rasuras.

f) Eu gostei da história contada.

g) Como aquela menina é valente!

5 Observe as ilustrações e responda às perguntas.

Uma visita ao zoológico

a) Com quem as crianças foram ao zoológico?

b) Qual animal as meninas agradaram?

c) Que animais eles observaram?

d) Qual animal estava na água?

e) Você já foi a um zoológico? O que viu lá?

f) De qual animal você mais gostou? Por quê?

LIÇÃO 19 — Palavras com lh, nh e ch

Observe.

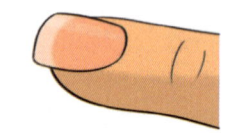

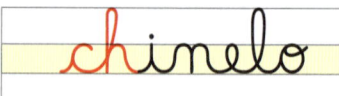

palhaço *unha* *chinelo*

ATIVIDADES

1 Ordene as frases.

a) circo palhaço faz no O graça.

b) unha a Machuquei meu do pé.

c) ovos galinha A bota muitos.

d) ganhou um Ana vermelho chaveiro.

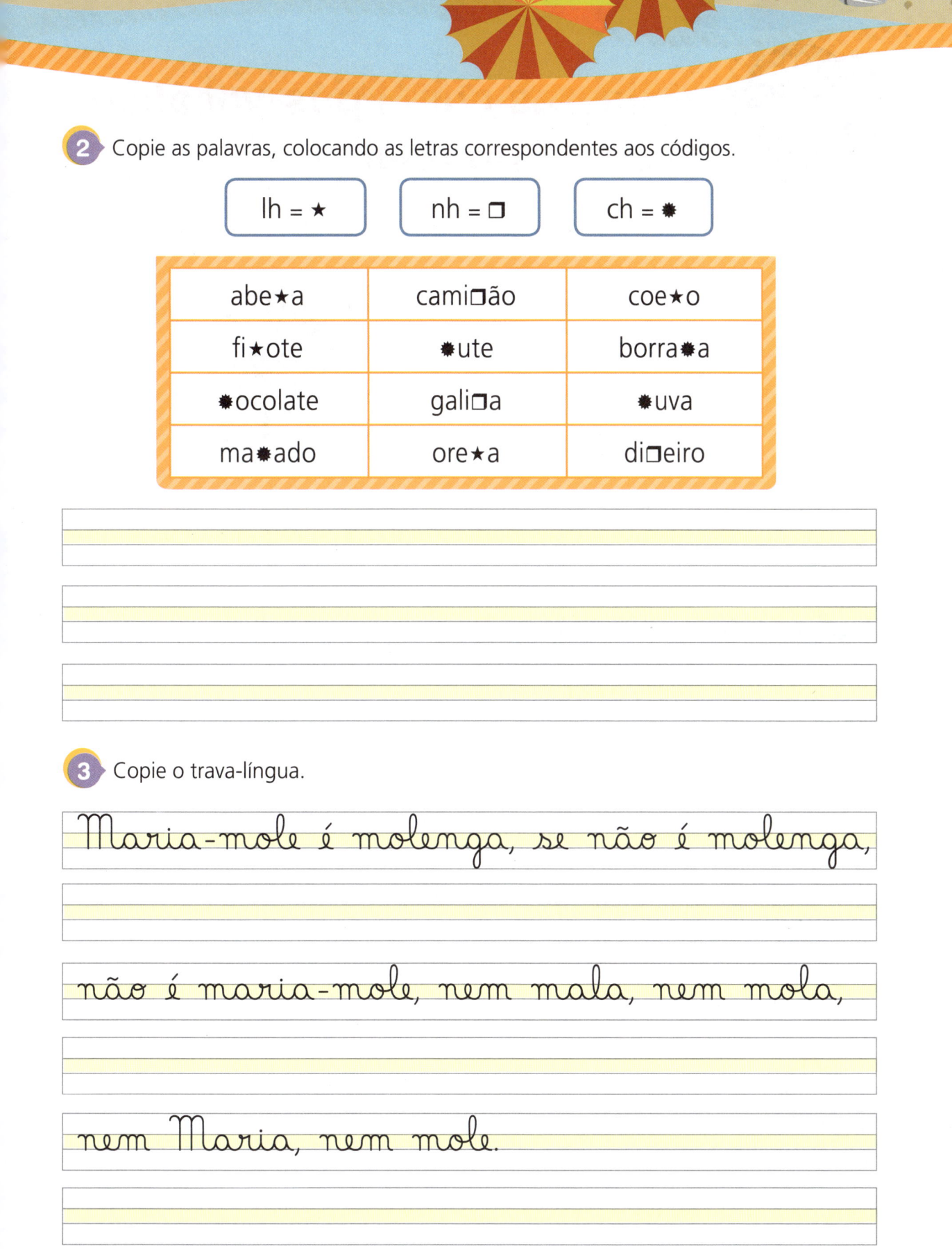

2 Copie as palavras, colocando as letras correspondentes aos códigos.

lh = ★   nh = ◻   ch = ✹

abe★a	cami◻ão	coe★o
fi★ote	✹ute	borra✹a
✹ocolate	gali◻a	✹uva
ma✹ado	ore★a	di◻eiro

3 Copie o trava-língua.

Maria-mole é molenga, se não é molenga,

não é maria-mole, nem mala, nem mola,

nem Maria, nem mole.

LIÇÃO 20
Palavras com l pós-vocálico e com l no final

Observe.

go**l**finho

girasso**l**

ATIVIDADES

1 Complete cada frase de acordo com o desenho.

O _____ está cheio de água.

A _____ está apertada.

O _____ é de brilhante.

Coloquei o dinheiro na _____ .

2 Separe as sílabas das palavras.

farol

golfinho

alface

carrossel

altura

caracol

3 Siga o modelo.

dedal   dedais   hospital

milharal   avental

metal   final

funil   anzol

barril   anel

4 Observe o número correspondente a cada sílaba e escreva a palavra formada.

1 – tal	**8** – co
2 – cul	**9** – to
3 – pel	**10** – fa
4 – cal	**11** – pa
5 – sal	**12** – do
6 – mul	**13** – pal
7 – ta	**14** – ma

5 e 12

6 e 7

13 e 8

9 e 1

13 e 14

2, 11 e 12

11 e 3

4 e 12

5 e 7

2 e 9

LIÇÃO 21

Palavras com gue e palavras com gui

Observe.

fogueira

guitarra

ATIVIDADES

1 Complete as frases com o nome do desenho correspondente a cada uma.

Miguel encontrou um _____.

O _____ subiu rapidamente.

A _____ é de borracha.

A _____ voa muito alto.

2 Forme palavras substituindo os códigos pelas sílabas. Acentue as palavras formadas se necessário.

gue = ★   gui = ▢

▢a	al★m	fo★ira	man★ira
▢tarra	nin★m	pesse★iro	pe★
★rreiro	formi★iro	pa★	á▢a
▢lherme	▢ava	se▢da	san★

Copie as palavras.

3 Procure palavras com **gue** e **gui** no caça-palavras.

b	f	o	g	u	e	t	e	l	m
é	c	d	f	j	g	u	i	z	o
g	h	n	i	n	g	u	é	m	s
a	l	g	u	é	m	p	n	á	r
u	t	g	u	i	t	a	r	r	a
u	á	z	b	d	á	g	u	i	a
s	a	n	g	u	e	h	x	z	m

CALIGRAFIA

LIÇÃO 22 — Palavras com que e palavras com qui

Observe.

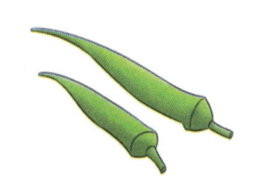

coqueiro

quiabo

ATIVIDADES

1 Complete as frases com o nome do desenho correspondente a cada uma.

O _____ está no poleiro.

Gosto de _____ com goiabada.

Comprei um _____ para me abanar.

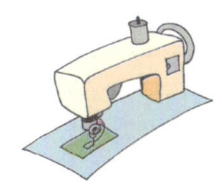

Ganhei uma _____ de costura.

2 Forme frases interrogativas com as palavras **parque** e **quintal**.

3 Amplie as frases.

a) Comprei um leque.

Onde?

Para quê?

b) Ganhei um relógio.

De quem?

Para quê?

4 Observe o quadro e copie as palavras com **que** e **qui**, de acordo com o número de sílabas.

aquele   aquilo   caqui   queijo   querida   quilo   periquito   mosquito   equipe
parque   moleque   tanque   porquinho   quintal   brinquedo   coqueirinho
vaqueiro   quente   vaquinha   pequeno   quiabo   queixo   quitanda   leque

2 sílabas

que

qui

3 sílabas

que

qui

4 sílabas

que

qui

5 Copie os nomes das frutas.

LIÇÃO 23

Palavras com r, rr e r intercalado

Observe.

rato   marreco   pirulito

ATIVIDADES

1 Separe as sílabas das palavras.

ferradura

roda

bezerro

arado

remo

barriga

2 Copie as frases, substituindo os desenhos por palavras.

Renato comprou um .

O foi descansar na .

3 Amplie a frase.

Ricardo comprou um rádio.

Onde?

Para quê?

LIÇÃO 24

Palavras com l e palavras com u

Observe.

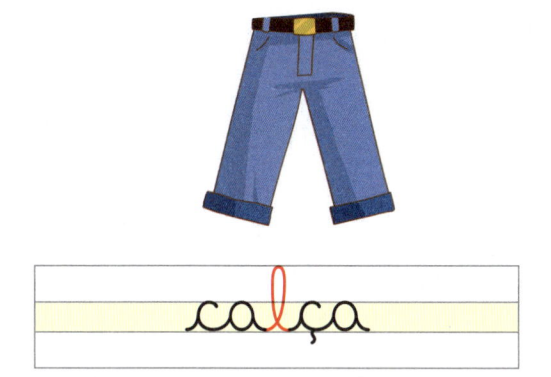

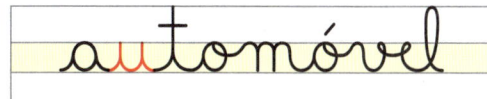

calça

automóvel

ATIVIDADES

1 Forme palavras e escreva-as nas pautas.

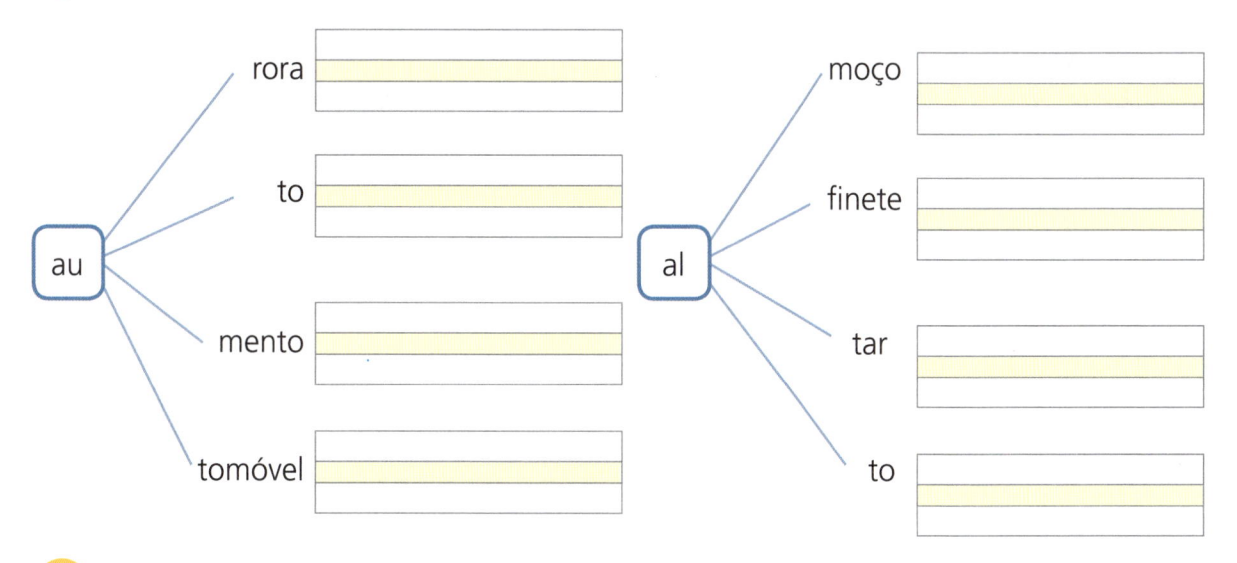

au
- rora
- to
- mento
- tomóvel

al
- moço
- finete
- tar
- to

2 Escolha uma palavra do exercício anterior e forme uma frase.

3 Separe as sílabas das palavras.

audição

algodão

alto

auto

autógrafo

aula

almofada

álcool

4 Escreva frases com as palavras: **autógrafo**, **almofada**, **automóvel** e **aula**.

LIÇÃO 25
Palavras com g e palavras com j

Observe.

tigela

jiboia

ATIVIDADES

1 Complete as palavras com **g** ou **j** e, depois, copie-as.

ve etal   su eito   con elar   esso

en iva   tan erina   can ica   eito

gara em   ipe   gor eta   iboia

2 Separe as sílabas das palavras.

manjericão

caju

tangerina

sujo

viagem

jeitoso

3 Escreva o nome dos desenhos.

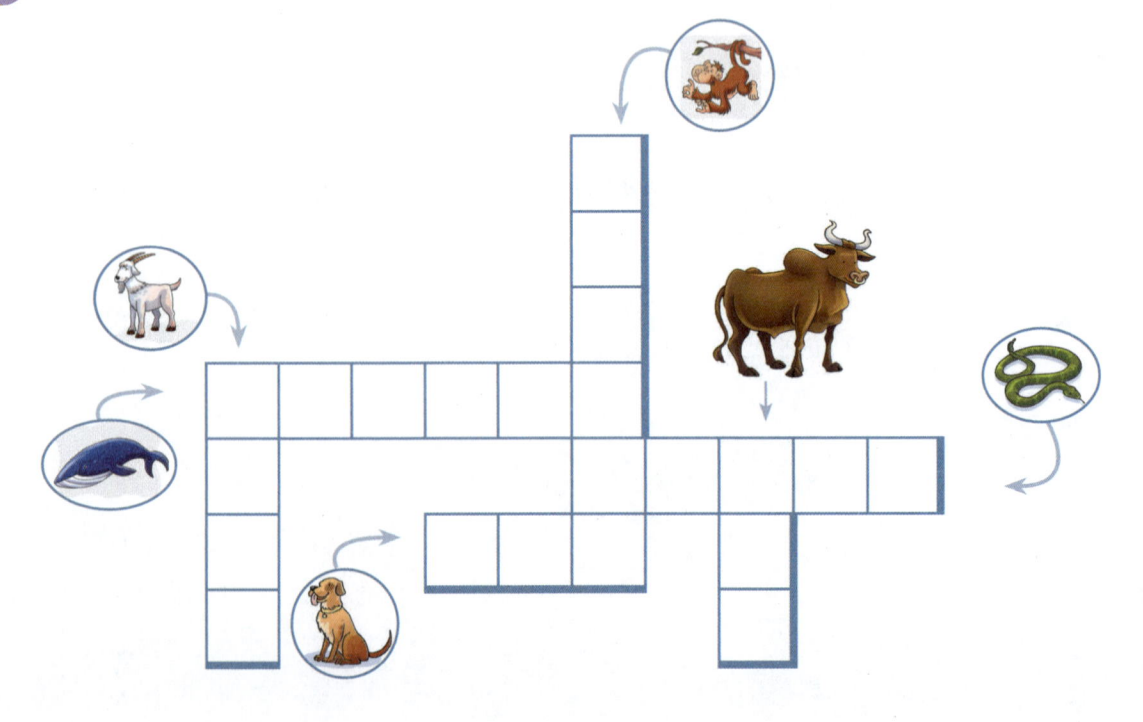

LIÇÃO 26

Palavras com z pós-vocálico

Observe.

perdiz

xadrez

ATIVIDADES

1 Leia as palavras e copie-as.

noz —   cartaz —

voz —   rapaz —

cruz —   capaz —

2 Escreva uma frase exclamativa com a palavra **cartaz**.

3 Complete observando o modelo.

nariz — narizes		perdiz —

rapaz —		chafariz —

capuz —		raiz —

feliz —		capaz —

feroz —		voz —

4 Forme uma frase interrogativa com a palavra **chafariz**.

5 Complete as frases com **traz** (verbo trazer) ou **atrás** (indica lugar).

O carteiro   as cartas.

Sento   de você.

Paulo   sempre um bom lanche.

Correu   do ladrão.

LIÇÃO 27

Palavras com qua e palavras com gua

Observe.

quarto

guaraná

ATIVIDADES

1 Amplie a frase.

Torquato comprou um aquário.

De quê?

_____

_____

Para quê?

_____

_____

2 Complete as frases com os nomes das imagens correspondentes a cada uma.

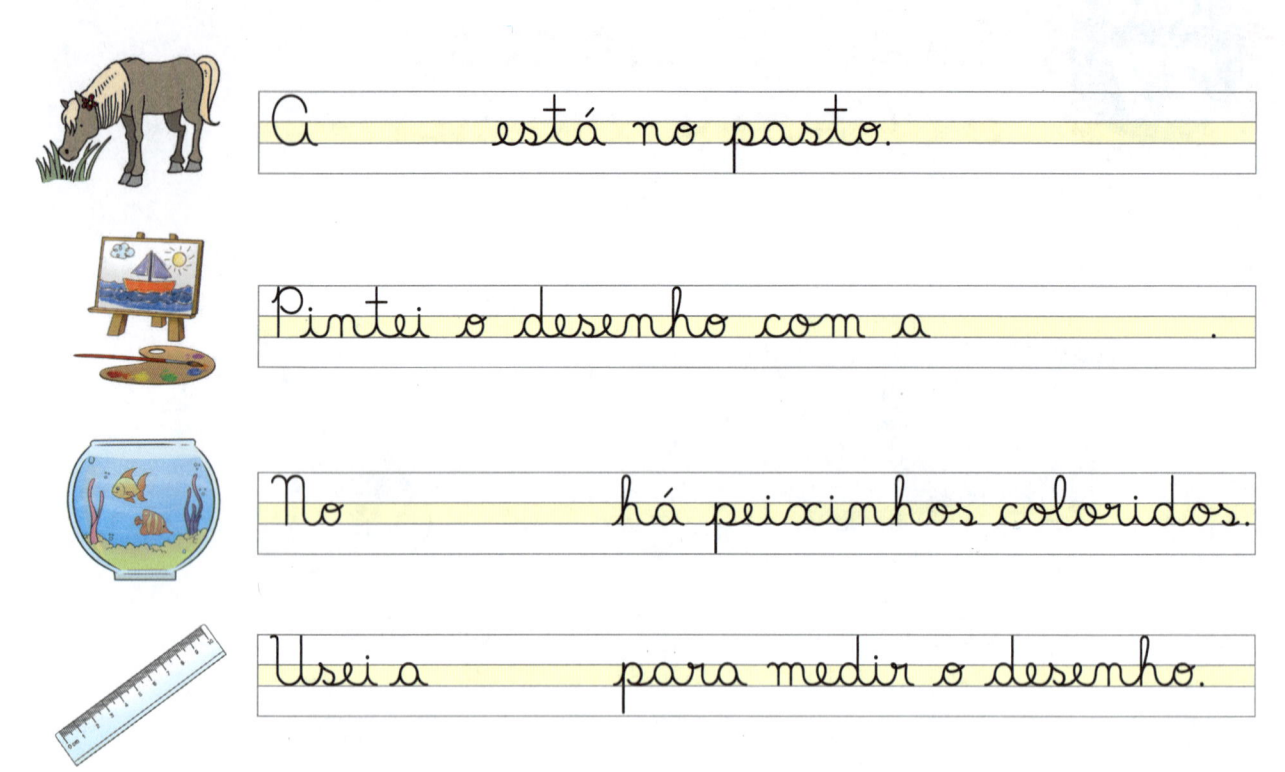

A _____ está no pasto.

Pintei o desenho com a _____.

No _____ há peixinhos coloridos.

Usei a _____ para medir o desenho.

3 Desenhe um aquário com um peixinho dentro.

LIÇÃO 28 — Palavras com u e não o

Observe.

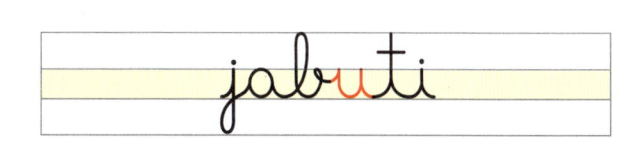

jabuti

Jabuti escreve-se com **u** e não com **o**.
Também se escrevem com **u** e não com **o** as seguintes palavras: b**u**eiro, tab**u**ada, jab**u**ticaba etc.

ATIVIDADES

1 Leia as palavras.

abriu	cutia	juazeiro	véu
amuleto	cutucão	légua	tábua
bueiro	entupir	muleta	tabuada
bulir	futebol	pirulito	tabuleiro
camundongo	jabuticaba	rebuliço	taturana

2 Copie as palavras do quadro acima nas linhas a seguir.

3. Leia as palavras.

lombriga	ombro	rato	cacho
moer	passeio	gato	comida
pernilongo	garimpo	bando	século
chover	bolacha	moleque	menino

4. Copie as palavras do quadro acima nas linhas a seguir.

LIÇÃO 29 — Palavras escritas com som de i

Observe.

cadeado

Escreve-se cad**e**ado com **e** e não com **i**.
Também são escritas com **e** e não com **i** as palavras m**exe**rica, **e**scola etc.

ATIVIDADES

1 Leia as palavras:

> aéreo   despencar   senão   arrepio   demissão
> mexerica   sequer   cadeado   quase

2 Copie as palavras do quadro acima nas linhas a seguir.

3 Leia as palavras.

> adiantar   crânio   igreja   penicilina   adiante   criar
> idade   pior   adivinho   crioulo   casimira   diante
> cordial   disparate   miúdo   esquisito

4 Copie as palavras do quadro acima nas linhas a seguir.

5 Escolha três palavras do exercício anterior e forme uma frase para cada.

LIÇÃO 30 — Palavras com final em ão

Observe.

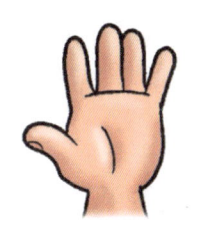

balão

mão

ATIVIDADES

1. Siga os modelos e complete com:

ãos	ões
bênção – bênçãos	balão – balões
irmão –	coração –
mão –	pião –
órfão –	botão –
grão –	avião –
órgão –	limão –

ães

capitão – capitães   pão –

cão –   escrivão –

alemão –   capelão –

2 Separe as sílabas das palavras.

caminhão   coração

macacão   feijão

violão   camarão

Sebastião   pião

LIÇÃO 31

Contando de 100 em 100

Observe.

1 centena → 100 unidades → cem
2 centenas → 200 unidades → duzentos

ATIVIDADE

Complete conforme o modelo.

3 centenas → 300 unidades → trezentos

4 centenas → 400 →

5 centenas → 500 →

6 centenas → 600 →

7 centenas → 700 →

8 centenas → 800 →

9 centenas → 900 →

10 centenas → 1000 →

LIÇÃO 32 — Números ordinais

O numeral ordinal indica **ordem**.
Vamos conhecer os numerais ordinais de 1 a 10.

ATIVIDADE

Complete conforme o modelo.

1º	primeiro	1º primeiro
2º	segundo	2º
3º	terceiro	3º
4º	quarto	4º
5º	quinto	5º
6º	sexto	6º
7º	sétimo	7º
8º	oitavo	8º
9º	nono	9º
10º	décimo	10º